BEI GRIN MACHT SICH IHR WISSEN BEZAHLT

AF150162

- Wir veröffentlichen Ihre Hausarbeit,
  Bachelor- und Masterarbeit

- Ihr eigenes eBook und Buch -
  weltweit in allen wichtigen Shops

- Verdienen Sie an jedem Verkauf

Jetzt bei www.GRIN.com hochladen und kostenlos publizieren

Serdar Yalcinkaya

Terminintermediation und der Fall der Metallgesell-schaft 1993

GRIN Verlag

Bibliografische Information der Deutschen Nationalbibliothek:

Die Deutsche Bibliothek verzeichnet diese Publikation in der Deutschen National-
bibliografie; detaillierte bibliografische Daten sind im Internet über http://dnb.d-
nb.de/ abrufbar.

Dieses Werk sowie alle darin enthaltenen einzelnen Beiträge und Abbildungen
sind urheberrechtlich geschützt. Jede Verwertung, die nicht ausdrücklich vom
Urheberrechtsschutz zugelassen ist, bedarf der vorherigen Zustimmung des Verla-
ges. Das gilt insbesondere für Vervielfältigungen, Bearbeitungen, Übersetzungen,
Mikroverfilmungen, Auswertungen durch Datenbanken und für die Einspeicherung
und Verarbeitung in elektronische Systeme. Alle Rechte, auch die des auszugsweisen
Nachdrucks, der fotomechanischen Wiedergabe (einschließlich Mikrokopie) sowie
der Auswertung durch Datenbanken oder ähnliche Einrichtungen, vorbehalten.

Impressum:

Copyright © 2012 GRIN Verlag GmbH
Druck und Bindung: Books on Demand GmbH, Norderstedt Germany
ISBN: 978-3-656-34194-9

Dieses Buch bei GRIN:

http://www.grin.com/de/e-book/206858/terminintermediation-und-der-fall-der-
metallgesellschaft-1993

GRIN - Your knowledge has value

Der GRIN Verlag publiziert seit 1998 wissenschaftliche Arbeiten von Studenten, Hochschullehrern und anderen Akademikern als eBook und gedrucktes Buch. Die Verlagswebsite www.grin.com ist die ideale Plattform zur Veröffentlichung von Hausarbeiten, Abschlussarbeiten, wissenschaftlichen Aufsätzen, Dissertationen und Fachbüchern.

Besuchen Sie uns im Internet:

http://www.grin.com/

http://www.facebook.com/grincom

http://www.twitter.com/grin_com

FINANZMANAGEMENT
SEMINARARBEIT ZUM THEMA

TERMININTERMEDIATION UND DER FALL DER METALLGESELLSCHAFT 1993

Gliederung

Abbildungsverzeichnis

Abkürzungsverzeichnis

AG ....Aktiengesellschaft

i.d.R. ....in der Regel

KWG................................Kreditwesengesetz

MG....................................Metallgesellschaft

MGRM Inc. ....MG Refining & Marketing Incorporated Company

NYMEX............................New York Mercantile Exchange

VAG...................................Versicherungsaufsichtgesetz

1 Einleitung

Die Finanzierungstheorie ist bislang nicht im Stande, die Existenz von Finanzintermediären deutlich zu erläutern.[1] Diese Theorie setzt an einem vollkommenen Markt ohne Transaktionskosten an und verdeutlicht den Unterschied zu einem unvollkommenen Markt.

Die folgende Arbeit befasst sich mit der Theorie der Finanzierungsgeschäfte, welche am Fall der Metallgesellschaft erläutert wird, der 1993 einen Verlust in Milliardenhöhe erlitten hat. Die Tochtergesellschaft MGRM Inc. der MG AG, zuständig für die Ölgeschäfte in der USA, welche als Finanzintermediär zwischen Ölmarkt und Einzelhändler fungieren sollte, fiel in eine große Finanzkrise und setze den Auslöser für das darauffolgende Dilemma.

Im letzten Abschnitt wird erläutert, welche Ereignisse unter Ausübung von Terminintermediation im Allgemeinen hervor treten können. Die aufgeführten Beispiele sollen hierbei verdeutlichen, dass durch den Einsatz von Derivaten sowohl positive als auch negative Ergebnisse erzielt werden können.

---

[1] Vgl. Gerke (1980), S. 128f.

2 Hauptteil

2.1 Intermediation

Die Bezeichnung Intermediation wird als Aktivierung von Institutionen bei Tauschverträgen, wie z.B. Banken und Versicherungen, definiert Die Intermediation tritt zum gleichlaufenden Abschluss indirekter Tauschverträge am Primärmarkt ein. Durch Einbeziehen des Intermediärs wird ein weiterer Tauschvertrag unkonventionell zum vorherigen Tauschvertrag abgeschlossen. Im Finanzmanagement wird die Intermediation in drei Kategorien unterteilt, und zwar zu einem Kassaintermediation, zum anderen Finanzintermediation und zuletzt Terminintermediation.[2] Bei allen drei Intermediationsformen sind unterschiedliche Tauschverträge ausführbar. Die folgende Grafik dient zur Übersicht der Intermediationsprozesse.

Zu erhaltende (Vor-) Leistung / Zu erbringende (Vor-) Leistung	Kassa	Finanzierung	Termin
Kassa	Kassa-intermedition		
Finanzierung		Finanz-intermediation	
Termin			Termin-intermediation

Abb. 1 Grundmuster der Intermediationsprozessen[3]

---

[2] Vgl. Kaiser (2006), S. 103.

[3] Vgl. Kaiser (2007), S. 179.

2.1.1 Kassaintermediation

Bei Kassaverträgen liegt ein Tauschvertrag vor, wodurch Vorleistungen und Gegenleistungen sofort oder i.d.R. zum gleichen Zeitpunkt erfolgen.[4] Wird ein Kassavertrag abgeschlossen und die zu erbringende Leistung fehlt, wird diese durch einen zweiten Kassavertrag für die Beschaffung der Leistung abgeschlossen, woraus sich die Kassaintermediation resultiert.[5]

2.1.2 Finanzintermediation

Die Finanzintermediäre treten bei Geschäftsprozessen auf, in dem sie die liquiden Mitteln zu Verfügung stellen. Diese Art von Intermediation wird bei Kassaverträgen, sowie bei Terminverträgen ermöglicht. Solche Finanzintermediäre sind Kreditinstitute nach § 1 I KWG und Versicherungsunternehmen nach § 1 I VAG.[6]

2.1.3 Terminintermediation

Hierbei wird ein Terminvertrag abgeschlossen, wobei die zu erbringende und erhaltende Leistung durch einen Termin, der in der Zukunft festgesetzt wird. Parallel wird ein weiterer Terminvertrag abgeschlossen, um den Erstvertrag abzusichern.

---

[4] Vgl. Kaiser (2007), S. 177.
[5] Vgl. Kaiser (2006), S. 103.
[6] Vgl. Kaiser (2007), S. 179.

2.2 Terminintermediation am Beispiel der Fall der Metallgesellschaft 1993

Die Terminintermediation wird durch ein Beispiel der MA AG im Jahre 1993 verdeutlicht, was sie an den Rand des Ruins geführt hat. Aufgrund der Öltermingeschäfte geriet sie in die Liquditätskrise.[7]

2.2.1 Entwicklung

Durch den Zusammenbruch des OPEC-Kartells kam es zu starken Ölpreisschwankungen, wodurch dich die Metallgesellschaft Refining & Marketing Inc.Tochtergesellschaft der MG AG den Erfolg durch originelle Verträge verschaffen wollte.[8] Der Gedanke war durch fixe Festpreisgarantien Verträge langfristig anzubieten, um hohe Gewinne/Einnahmen zu erzielen. Den Kunden wurden Optionen bereitgestellt, Preisgarantien bei einer Laufzeit von 5 bis 10 Jahren zu erhalten, falls sie einwilligen. Bei Ölpreisrückgängen würden die Einnahmen von MGRM steigen, jedoch kam es zu Ölpreissteigerungen und zu niedrigeren Margen, wodurch Liquiditätsschwierigkeiten entstanden. Das hierdurch für MGRM hervorgerufene Risiko von Ölpreisveränderungen sollte mit Einführung von Termingeschäften reduziert werden. Zur Sicherung der Abwicklung der Termingeschäfte unterbreitete die MGRM individuelle Verträge wie Firm-Fixed-Verträge, Firm-Flexible-Verträge, als auch Guaranteed-Margin-Verträge.

Firm-Fixed-Verträge beinhalten festgelegte Gütermengen mit langfristigen Lieferverträgen von 5 bis 10 Jahren zu festen Preisen. Nebenbei erhielten die Kunden eine Blow-Out-Option, eine Abtretung vom Liefervertrag, falls der Futures Preis den kurzfristigem Futures-Kontrakt übersteigen würde.

---

[7] Vgl. Kropp (1995), S. 14.

[8] Vgl. Kropp (1995), S. 15.

In dem zweiten Kontrakt „Firm-Flexible-Verträge" betrug die Vertragslaufzeit ebenfalls 5 bis 10 Jahre, zuzüglich einer weiteren Kondition. Darüber hinaus ermächtigte die zusätzliche Vereinbarung die Kunden unter Berücksichtigung der 45-tägigen Ankündigungsfrist die Produkte jederzeit frei zu erlangen. Andernfalls mussten die Kunden am Ende der Vertragslaufzeit die vereinbarte Menge abnehmen. Auf diese Weise war die MGRM Stillhalter einer Kaufoption „Call" und im anderen Fall Inhaber einer Verkaufsoption „Put" ausgesetzt. Des Weiteren wurde die Blow-Out-Option beibehalten, jedoch auf den übernächsten Monat übertragen. In Anbetracht dieser Situation bestand ein Preisrisiko in solchen Verträgen. Bei fallenden Marktpreisen war der Verkäufer in der Gewinnzone, weil der Kassapreis bei Fälligkeit unter dem vereinbarten Festpreis lag. Umgekehrt, bei steigenden Marktpreisen geriet der Verkäufer in die Verlustzone, weil der Kassapreis bei Fälligkeit über dem vereinbarten Festpreis lag. Um sich vor steigenden Ölpreisen zu schützen, beschloss die MGRM an der Warenterminbörse NYMEX zusätzliche Terminkontrakte abzuschließen, welches man „Stacked Hedge" nennt.[9]

Bei solchen Terminkontraken ist eine Sicherheitsleistung zu erbringen, die sogenannte Margin. Am Börsenschlusstag wird der Kaufpreisunterschied über das Margin Konto als Gewinn oder Verlust verrechnet. Das Margin Konto darf die vorgegebene Untergrenze „Maintenance" nicht unterschreiten. Im diesem Fall müsste eine Aufstockung erfolgen, um die Sicherheitsleistung wieder zu gewährleisten.[10]

---

[9] Vgl. Kropp (1995), S. 16f.
[10] Vgl. Michalky & Schittler (2006), S. 588f.

5

2.2.2 Krise

Im Herbst 1993 brachten sinkende Ölpreise MGRM in eine Liquiditätskrise. In den darauf folgenden Monaten hatte die Verpflichtung für die Aufstockung fatale Folgen. Die Abbildung 2 zeigt den Verlauf der Ölpreise von Juni 1992 bis Dezember 1993. Aus einem Backawardation Markt entwickelte sich der Markt zu einem Contango. Angesichts dieser Entwicklung hatte die MGRM immense Summen, die zu monatlichen Auszahlungen aus den Absicherungskontrakten führten.

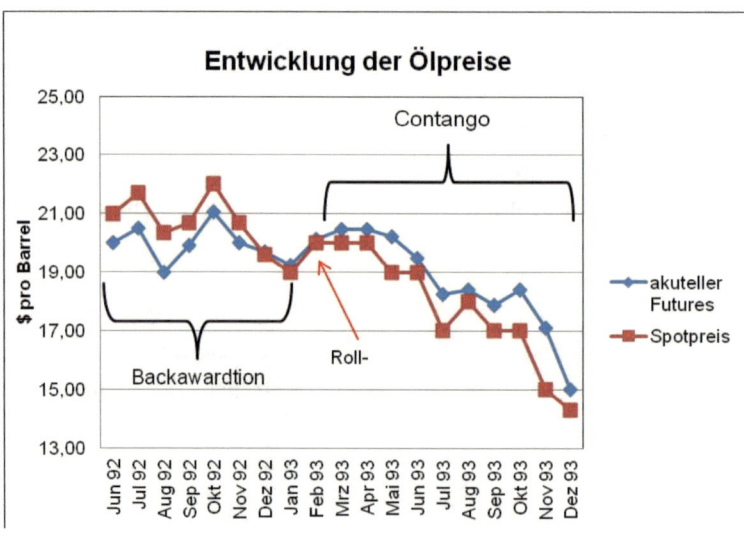

Abb. 2 Eigene Darstellung der Entwicklung der Ölpreise von Juni 1992 bis Dez. 1993[11]

Erfahrungsgemäß kommt ein Backwardation zu Stande, falls der Spot Preis über dem Futures Preis liegt. Verschiebt sich der Futures-Preis über den Spot Preis, so gerät der Markt in ein Contango. Durch diese Verschiebung des Marktes entstand ein Roll-Over-Verlust aus den Kontrakten, die nicht behebbar waren.

---

[11] Vgl. Kropp (1995), S. 14 -15. und Bühler & Korn (1998), S. 44-55.

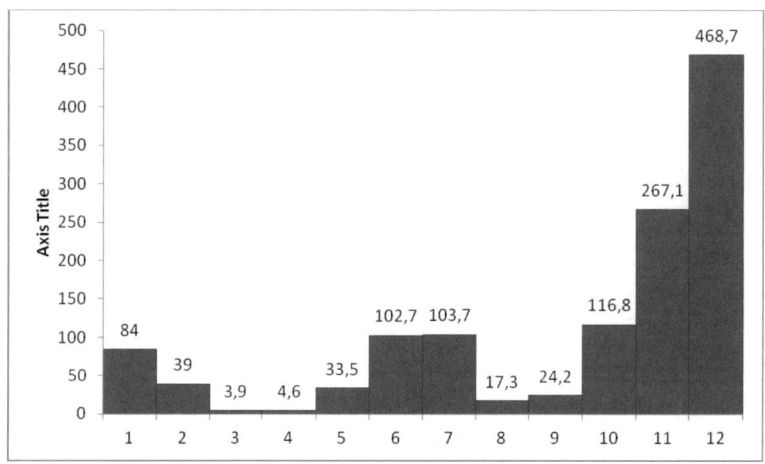

Abb. 3 Monatliche Auszahlungen aus den Abischerungskontrakten[12]

Ein weiter Punkt war, dass die Liquiditätsschwierigkeit in die Öffentlichkeit gedrungen war. So nahm die Kreditwürdigkeit des Unternehmens ab. Lieferanten gingen in Vorkasse und Nymex verlangte einen Super-Margin, anstatt des Initial-Margins.

---

[12] Vgl. Kropp (1995), S.17.

3 Zusammenfassung

Die zentrale Zielsetzung der MGRM Strategie war eine Arbitrage zwischen Kassaölmarkt und der langfristigen Terminverträge zu realisieren. Dabei war die Vorgehensweise insofern nicht vorteilhaft, weil keine ausreichende Marktanalyse durchgeführt wurde und man auf diese Weise, mit den falschen Voraussetzungen an die Sache heran getreten ist. Ein weiterer Punkt, der aufgeführt werden könnte, liegt meiner Meinung nach im Managementbereich. Hier führte die fehlende Sorgfalt zu falschen Entscheidungsfindungen. Bemerkenswert ist auch, dass der Vorstand der MG das Verlustgeschäft der MGRM erst nach Auftreten von Liquiditätsschwierigkeiten bemerkte. Dies zeigt, dass die MGRM einen großen Handlungsspielraum bezüglich ihrer Entscheidungen hatte. Ein Aspekt dabei könnte die horizontale, sowie auch die vertikale Unternehmensstruktur gelten, bei der eine Beaufsichtigung der verbundenen Unternehmen sich als komplex herausstellte. In der Literatur äußern sich viele Kritiker, dass das Verhältnis zwischen dem Vorstandsvorsitzenden Schimmelbusch und dem Aufsichtsratsvorsitzenden Schmitz als angespannt anzusehen war. Schmitz wird unterstellt, dass dieser mehr im Interesse der Deutsche Bank gehandelt habe, als im Interesse der MG. Daher habe dieser ohne die Absicherungsgeschäfte zu verstehen vorzeitig gekündigt und so erst die immensen Verluste realisiert.

Zusammengefasst kann man sagen, dass das fehlende Wissen und die falsche Hedging-Strategie, sowie das angespannte Verhältnis zwischen Schimmelbusch und Schmitz den Verlust der Metallgesellschaft hervorgerufen hat.

Literaturverzeichnis

BÜHLER, W. / KORN, O.: Hedging Langfristiger Lieferverpflichtungen mit kurzfristigen Futures: Möglich oder Unmöglich?, Mannheim: Zentrum für Europäische Wirtschaftsordnung (1998)

GERKE, W.: Gleitklauseln im Geld- und Kapitalverkehr, Wiesbaden: Gabler (1980)

KAISER, D.: Finanzintermediation durch Banken und Versicherungen. Die theoretischen Grundlagen der Bankassurance, 1. Auflage, Wiesbaden: Gabler (2006)

KAISER, D.: Kassa-, Finanz- und Terminintermediation, Theoretische Konzepte (nicht nur) zur Analyse derivateinduzierter Unternehmenskrise, Wirtschaftswissenschaftliches Studium 36 (2007), S. 177 179.

KROPP, M.: Die Öltermingeschäfte der Metallgesellschaft, Zeitschrift für Bankwirtschaft und Bankrecht 7 (1995), S. 14-32.

MICHALKY M. & SCHITTLER R.: Das große Buch der Börse, Wien/München: FinanzBuch Verlag (2006)